Weil eine Welt mit Geschichten eine
bessere Welt ist.

Markus Helfferich

Fotogeschichten aus Irland

Life is a story

schreib's auf
story.one

FSC
www.fsc.org
MIX
Papier aus verantwortungsvollen Quellen
Paper from responsible sources
FSC® C105338

1. Auflage 2021

Herstellung, Gestaltung und Konzeption:
Verlag story.one publishing - www.story.one
Eine Marke der Storylution GmbH

Gesetzt aus Crimson Text und Lato.

Printed in the European Union.

ISBN: 978-3-99087-482-0

Mach sichtbar, was vielleicht ohne dich
nie wahrgenommen worden wäre
(Robert Bresson)

INHALT

Unfall in den Clare Glens (Teil 1)

Sonntag, 28. Oktober 2018, ein traumhafter, trockener und sonniger Herbsttag. Die Tage zuvor hatte ich mir schon Gedanken gemacht, wo ich wohl ein paar nette Bilder zum Thema "Herbst" schießen könnte, sofern das Wetter am Wochenende mitspielt. Die Wahl fiel auf die Clare Glens - ein Waldgebiet mit einem ca. 4 km lagen Rundwanderweg zwischen den Grenzen zu den Countys Tipperary und Limerick, das entlang des Flusses Annagh verläuft.

Dort gibt es diverse Wasserfälle und Schluchten und dies sollte ideal für meine geplante Unternehmung sein. Ich kannte den Wanderweg noch von meinem ersten Besuch in Irland 2011 und war seitdem nicht mehr dort.

Da das Ziel nur eine knappe Autostunde entfernt lag, fuhr ich am späten Vormittag los und kam gegen 11:00 Uhr am dort eigens angelegten Besucherparkplatz an. Mit Rucksack, Stativ und einem zusätzlich in einer Umhängetasche verstauten, etwas größeren Objektiv, machte ich mich auf den Weg. Nach einigen Metern verlief ein schmaler Trampelpfad vom normalen Weg ab, hinunter in Richtung Fluss. Wenn ich wirklich Bilder von diesem Fluss und den kleinen Wasserfällen haben wollte, musste ich den vorgegebenen Weg verlassen. Dem ausgetrampelten Pfad nach war ich nicht der Erste, der diese Idee hatte.

Nach einigen Minuten Klettern über kleinere Felsbrocken war ich unten am Flussufer angekommen und dort bot sich mir ein traumhafter Anblick. Der Fluss mit seinen diversen kleineren Wasserfällen lief mitten durch felsiges Gestein, das von frischen, noch rötlich-braunen Blättern und grünen Farnen bedeckt war. Darüber hingen lange, von Moos bedeckte und mit Blättern behangene Äste, die teilweise bis ans andere Ufer hinüberragten und dem Bild ein Dach aus diversen Grüntönen verliehen. Die Szene war ideal für einige Langzeitaufnahmen.

Nachdem die ersten Bilder gemacht waren, ging es am Ufer entlang, über eine leicht ansteigende und nach einigen Metern wieder abfallende Treppe aus kleinen Steinplatten, die mich zum nächsten Punkt führte, der es wert war auf meiner Speicherkarte festgehalten zu werden. Die flachen, großflächigen Steinplatten am Flussufer ließen es zu, dass ich auf ihnen herumspazierte und den dort am Wasser liegenden Baumstamm von diversen Winkeln fotografieren konnte. Von oben herab bahnten sich die Sonnenstrahlen Ihren Weg durch die Baumkronen und verliehen dem Bild einen märchenhaften Anblick. Jetzt müsste nur noch ein Kobold aus dem Unterholz auftauchen und die Szene wäre komplett gewesen.

Auf der Suche nach dem nächsten geeigneten Standort ging es weiter am Flussufer entlang, jedoch wurde der begehbare Pfad deutlich enger und ich musste, bzw. sollte einen großen Schritt ca. einen Meter nach unten machen. Da ich mich an der linken Seite der immer tiefer werdenden Schlucht kaum festhalten konnte, entschied ich, das kurze Stück eher zu hüpfen als zu steigen, denn der Boden, auf dem ich landen sollte, war ebenfalls ziemlich flach, was eine ordentliche Landung versprach.

Unfall in den Clare Glens (Teil 2)

Ich kann mich heute nicht mehr genau an die nächsten Sekunden erinnern, ich weiß nur noch, dass ich doch den geplanten großen Schritt nach unten gemacht hatte aber den zweiten oben gebliebenen Fuß nicht korrekt nachziehen konnte, da sich dieser scheinbar durch die dicke Sohle meiner Wanderschuhe etwas an dem felsigen Vorsprung verhakte (so ist jedenfalls meine Vermutung). Ich stürzte also fast kopfüber, mit der vollen Ausrüstung auf den Rücken geschnallt, einen guten Meter nach unten in Richtung Felsboden.

Meine exakte Erinnerung setzt an dem Punkt wieder ein, an dem ich mit dem rechten Bein teilweise im Wasser liegend realisierte, dass mein Vorhaben doch etwas anders verlief als geplant. Im selben Moment machten sich auch große Schmerzen am rechten Handgelenk bis zur Mitte der Elle bemerkbar. Noch unter Schock legte ich erstmal meinen Rucksack ab. Das Stativ und die separate Objektivtasche lagen etwas entfernt von der Absturzstelle, aber im trockenen.

Mein erster Blick ging nun zu meinem rechten Arm. Es war kein Blut zu sehen, was erstmal positiv war, dann tastete ich meinen Unterarm Zentimeter für Zentimeter ab, immer darauf gefasst, gleich ein Stück eines gebrochenen Knochens zu spüren, aber nichts dergleichen... ok, jetzt war ich erstmal etwas beruhigt. Mein Handgelenk konnte ich auch drehen und knicken (wenn auch nicht so weit wie üblich), daher vermutete ich, aufgrund der Schmerzen, die eher stärker als schwächer wurden, eher eine Verletzung der Sehnen oder etwas Ähnliches.

Die Nächste Untersuchung galt meinem Equipment. Das Stativ sah gut aus, die Objektivtasche auch und der Rucksack war ohnehin zu und trocken. Naja, zumindest kein finanzieller Schaden dachte ich, obwohl ich die Kamera und die kleineren Linsen darin nicht untersuchte, denn ich hatte jetzt andere Sorgen, auch wenn mich ein Sturz während dem Fotografieren einen 4stelligen Betrag kosten könnte, wenn die Kamera z.B. mit dem Objektiv darauf aus 1,5 m auf einen Felsen knallt oder irgendwo im Fluss verschwunden wäre. Aber jetzt ging es darum, schnell nach Hause zu kommen. Mein Glück im

Unglück war, dass sich meine Verletzungen nur auf einen Arm beschränkten. Es hätte weitaus schlimmer kommen können, ein Sturz mit dem Kopf auf den Felsen mit anschließender Bewusstlosigkeit (oder schlimmer) oder ein Beinbruch. Das Problem in den Clare Glens ist, der Handyempfang in der Gegend ist nicht besonders gut, zumal ich mich einige Meter unten am Flussbett und nicht auf dem weiter oben gelegenen Waldweg befand. Selbst wenn ich um Hilfe rufen würde... wie schnell würde jemand reagieren bzw. würde mich überhaupt jemand da unten hören? Dem Parkplatz nach zu urteilen, waren an dem Tag nicht viele Besucher dort und wenn sich die Insassen der 3-4 Pkws die ich bei meiner Ankunft sah, auf den ca. 4 km langen Wanderweg verteilten, war die Wahrscheinlichkeit gering, dass gerade jetzt jemand oben entlang läuft der Hilfe holen kann.

Unfall in den Clare Glens (Teil 3)

Aber genug der Spekulation, ich konnte ja gehen. Mit Mühen und dem schmerzenden Arm schaffte ich es, meine Ausrüstung zusammenzupacken und einen nahe gelegenen schmalen, schlammigen Pfad nach oben zu klettern. Mit dem linken Arm konnte ich mich zusätzlich abstützen und nach oben ziehen. So kam ich nach einigen Minuten, wenn auch leicht erschöpft, oben an und machte mich auf den Weg zurück zum Auto.

Jetzt kam die nächste Herausforderung. Am Auto angekommen, musste ich meinen Schlüssel aus der rechten Hosentasche meiner eng sitzenden Jeans fischen. Irgendwie schaffte ich das mit der linken Hand, jetzt konnte ich den Kofferraum öffnen und die Ausrüstung dort verstauen.

Ich dachte daran, dass ich ja bei der Anreise Maut bezahlt hatte. Das heißt, auch auf dem Heimweg musste ich die 2 € parat haben. Da ich einen Geldbeutel besitze, der sich etwa wie Wildleder anfühlt und dieser ebenfalls nass wurde bestand meine neue Aufgabe darin, diesen irgendwie aus der Gesäßtasche meiner durchnässten Hose zu ziehen. Mit dem schmerzenden Arm hatte ich keine Chance.

Ich sah mich schon in Gedanken meine Jeans bis zu den Knien hinunterlassen, damit ich dann mit der linken Hand in die rechte hintere Tasche kam. Zum Glück kam gerade ein Pärchen auf dem Parkplatz an und ich fragte den Mann, ob er mir nicht behilflich sein könnte und mir meinen Geldbeutel aus der Tasche ziehen könnte, denn ich vermutete einen gebrochenen Arm und muss nach Hause fahren.

Sein Blick: Unbezahlbar, aber er half mir und mit dem befreiten Portemonnaie in der Hand setzte ich mich nun ins Auto und fuhr in Richtung Heimat, nachdem ich, mit vor Schmerz zusammengebissenen Zähnen, mit der rechten Hand den Zündschlüssel drehen konnte.

Nachdem ich zu Hause angekommen war, fuhr ich mit dem Taxi ins örtliche Krankenhaus in Ennis. Nach dem Röntgen und einigen Stunden warten war klar: Radiusfraktur... Erstmal Gips dran und am Montag nach Limerick ins Universitätsklinikum zur OP. Dort bekam ich genau an Halloween eine Metallplatte eingeschraubt und das war's dann mit Fotografieren für den Rest des Jahres.

Mitte Dezember kam der Gips ab und dann folgten ein paar Sitzungen bei der Physiotherapie. Nach ein paar Wochen war ich wieder voll einsatzfähig.

Der Steinkreis von Uragh

Da ich diesen Ort schon lange in meiner Planung hatte und das Wetter gestern ideal war, hatte ich endlich die Gelegenheit genutzt und bin zum Steinkreis von Uragh im Co. Kerry gefahren. Dieser steht auf der Beara-Halbinsel zwischen den Seen Cloonee Lough und Inchiquin Lough etwa 6 km von der Grenze zum County Cork entfernt. Er hat einen Durchmesser von ca. 2,5 Metern und besteht aus 5 kleinen Steinen und einem ca. 3 Meter hohen Monolith.

Was mich an dem Steinkreis so gereizt hatte, war die malerische Umgebung, die man auf den Bildern, die man im Internet findet, nur ahnen kann. Der Steinkreis steht auf einer kleinen Anhöhe, von der aus man eine wunderbare Sicht auf die beiden angrenzenden Seen hat, die in dieser traumhaften Berglandschaft liegen.Die ca. 4 km lange Strecke ab der Abzweigung der R571 ist für Fahrer, die die irischen „Backroads“ nicht gewohnt sind, sicher ein besonderes Erlebnis.

Auf der zum Teil unbefestigten Straße, die gerade mal breit genug für einen Pkw ist und in manchen engen Kurven auch noch bergauf oder bergab führt, gibt es nur wenige Stellen, an denen man einem entgegenkommenden Fahrzeug Platz machen kann, indem man möglichst weit links anhält. Hat man die Strecke dann gemeistert, wird man von einem traumhaften Anblick belohnt. Die ca. 250 Meter hinauf zum Steinkreis muss man dann jedoch noch zu Fuß gehen.

Am Steinkreis angekommen wurde ich erstmal von blökenden Schafen begrüßt, die sich in der gesamten Gegend hier tummeln. Als ich näher kam, machten sie sich aber doch rasch aus dem Staub, was mir einen ungestörten Blick auf mein Hauptmotiv ermöglichte.

Als ich mich nach einiger Zeit auf den Heimweg machte, musste ich doch nach ca. 3 Minuten nochmal anhalten. Auf der linken Seite lag ein Steg aus Steinen gebaut neben einer kleinen Bootshütte. Diese hatte ich bei der Anfahrt aufgrund des Blickwinkels gar nicht gesehen. Da ich jetzt von der anderen Seite kam, stach mir das Bild sofort ins Auge und ich hielt neben der kleinen Blechhütte an. Ein idealer Zeitpunkt, denn die Sonne strahlte am späten Nachmittag schön auf die hohen Bäume auf der anderen Seite des Sees und mit diesem ungewöhnlichen Steg im

Vordergrund war es ein wunderbarer Anblick, den ich natürlich festhalten musste. Ein genialer Abschluss des Tages.

Die „Ros Tuaiscert“ – Mehr Wrack als Schiff

Der Sonntag versprach angenehm warm und sonnig zu werden. So kam ich auf die Idee, an den Gortmellia-Strand im Co. Mayo zu fahren. Dort liegt das Wrack der „Ros Tuaiscert“, ein Trawler, der 1978 dort gestrandet war.

Der Gezeitentabelle nach, die ich im Internet fand, sollte auch am späten Nachmittag dort noch Ebbe sein. Also packte ich meine Sachen und fuhr gegen 14 Uhr los, in Richtung Co. Mayo.

Da der Gortmellia-Strand nur ca. 15 Autominuten von Belmullet entfernt liegt, wollte ich auch gleich einen Abstecher zum „Deirbhile's Twist“ auf der südlichen Seite der Mullet Halbinsel zu machen. Trotz der „nur“ 18 Grad, die mir das Thermometer im Auto angezeigt hatte, war es so warm, dass ich teilweise mit halb geöffnetem Fenster durch die karge Landschaft gefahren bin.

Nimmt man die Route von Castlebar aus über

die R312, zieht sich diese ca. 35 Kilometer durch Bäume und hohe Büsche, bei denen man nur selten einen Blick auf die Landschaft dahinter hat. Irgendwann verschwinden dann die Bäume, die Büsche werden niedriger und innerhalb weniger Minuten findet man sich in einer fast steppenähnlichen Landschaft wieder. Etwas später kommt man dann auf die N59, die fast parallel zum Oweniny River nach Richtung Bangor Erris verläuft. Auch die weitere Strecke über die R313 / R314 ist von diesem Landschaftsbild geprägt.

Als ich gegen 17 Uhr am Gortmellia-Strand ankam, war ich jedoch enttäuscht. Ich hatte noch die Bilder aus dem Internet von dem Schiffswrack im Kopf, die ich gefunden hatte und welche mich dazu inspirierten, mal wieder in diese Ecke Irlands zu fahren. Allerdings war das, was ich nun vorfand, mehr Wrack als Schiff. Die „Ros Tuaiscert“ bzw. was davon übrig war, lag friedlich im Sand und wartete auf ihren endgültigen Zerfall, der, im Vergleich zu Bildern aus den Jahren 2017/2018, mehr als deutlich vorangeschritten war. Nur gut, dass dies nicht das einzige Ziel auf meiner Tagestour war. Ich machte ein paar Bilder von dem Wrack und begab mich anschließend auf den Weg zu meinem zweiten Ziel an diesem Tag: Deirbhile's Twist.

Als ich zum ersten Mal ein Bild vom Deirbhile's Twist im Internet sah, dachte ich zuerst, es wäre einer der vielen Steinkreise in Irland, der auch noch sehr gut erhalten war. Meine weitere Recherche dazu ergab allerdings: Der Steinkreis ist eine Skulptur des in Offaly geborenen Wissenschaftlers und Künstlers Michael Bulfin. Diese besteht aus spiralförmig angeordneten Granitsteinen und bezieht sich auf die Legende von St. Dervilla, einer heiligen Jungfrau aus dem 6. Jahrhundert, die in der Gegend lebte.

Auf dem Weg zum Deirbhile's Twist kam ich auch am Blacksod Leuchtturm vorbei, der knapp 2 km entfernt an der Blacksod Bay liegt. Hier hatte ich Gelegenheit, diesmal ein paar Bilder vom Leuchtturm bei sonnigem Wetter zu machen.

Gegen 18:30 Uhr ging auch die Sonne langsam unter, daher entschied ich mich dazu, noch den Sonnenuntergang abzuwarten und fuhr nach einigen weiteren Bildern gegen 19:30 Uhr nach Hause.

Letzte Sonnenstrahlen über Dun Aengus

An der der Westküste Irlands, in der Galway Bay, liegen die Aran Islands. Eine Inselgruppe aus 3 Inseln (Inisheer, Inishmaan und Inishmore) mit einer Gesamtfläche von ca. 51km². Auf Inishmore, der größten Insel, liegt das vor etwa 3000 Jahren errichtete, halbkreisförmige Steinfort „Dun Aengus" (irisch: Dún Aonghasa) auf einem der höchsten Punkte, am Rande einer ca. 90m hohen Klippe. Von dort aus sieht man an klaren Tagen sogar den ca. 120km entfernten Mount Brandon auf der Dingle-Halbinsel.

Im Mai 2018, als ich mit meiner Frau und meinen Eltern einen zweitägigen Kurzurlaub auf Inishmore verbrachte, hatte ich die Gelegenheit, dort einen traumhaften Sonnenuntergang zu fotografieren.

Am ersten Tag auf der Insel erkundeten wir die nähere Umgebung um unser B&B in Kilronan, in der Nähe des dortigen kleinen Flughafens.Mein Vater und ich wanderten hinauf zu der auf einem Bergkamm gelegenen St.-Benan-Kirche, die lediglich eine Grundfläche von ca. 3 x 2 Metern hat und im 11. Jahrhundert errichtet wurde. Von dort oben hat man eine wunderbare Sicht auf den südöstlichen Teil der Insel.

Im Laufe des Nachmittags wieder in unserer Unterkunft angekommen, überlegte ich wie ich es am besten anstelle, nach Dun Aengus zu gelangen. Nach meinen Berechnungen ging die Sonne an diesem Wochenende gegen 21:42 Uhr unter. Unser B&B lag jedoch ca. 10 km entfernt auf der anderen Seite der Insel. Ich bereitete mich schon darauf vor, dass das mit dem Sonnenuntergang über Dun Aengus vorerst nichts werden sollte, aber ich hatte ja nette Bilder von der Insel und musste mich damit wohl zufriedengeben. In dem Augenblick kam meine Frau zu mir und berichtete, sie hätte mit der Betreiberin des B&B's gesprochen, dabei meine Liebe zur Fotografie erwähnt und dass ich so gerne am Abend dort bei dem Fort ein paar Bilder machen würde.

Was ich an den Iren liebe, ist ihre Hilfsbereitschaft, so kam es, dass unsere Wirtin einen Taxifahrer kannte, der auch die Touristen vom Hafen zu den jeweiligen Unterkünften transportiert und sich nun bereit erklärte, mich gegen eine kleine Gebühr am Abend zum Fort zu bringen und mich auch wieder abzuholen. So fuhr ich mit ihm gegen Abend in Richtung Dun Angus. Die letzten 800 m zum ersehnten Ziel musste ich einen groben steinigen Weg hinauf wandern und erreichte so die erste der vier Mauern der Anlage.

Nun war ich ganz alleine dort oben, wo sich sonst Touristen mit ihren Rucksäcken tummelten und sich für diverse Selfies oder Gruppenfotos positionierten. Die Ruhe und der Ausblick von diesem historischen Ort waren absolut genial und unbeschreiblich. Nachdem ich das Fort etwas erkundet hatte, baute ich mein Stativ am Rande des inneren Steinringes ca. 1 m vom Klippenrand entfernt auf und hatte so einen genialen Blick dahin, wo die Sonne allmählich begann, sich dem Horizont zu nähern.

Überglücklich und mit den ersehnten Bildern machte ich mich um ca 21:30 Uhr auf den Rückweg zum vereinbarten Punkt wo mich der Taxifahrer wieder abgeholt hatte.

Die Parade der Oldies

Beim Durchsuchen meiner älteren Fotos kam ich auch auf die Datei mit den Bildern vom Retro Cannonball Ireland 2019 und dachte, das wäre ein gutes Thema für eine Story.

Cannonball Ireland ist Europas größter organisierter Supercar-Roadtrip. Dieser findet seit 2009 jährlich auf der Insel statt. 2019 gab es erstmals auch den Retro Cannonball Roadtrip. Bei diesem nehmen Fahrzeuge aus den 60er, 70er und 80er Jahren teil.

Als Zielort am Ende der 2tägigen Tour durch Irland wurde der Ort Bunratty im County Clare ausgewählt. Zu meinem Glück liegt dieser nur 25 km von Ennis entfernt, daher war der Termin des 13. Juli bereits von mir fest eingeplant und ich hoffte, das Wetter würde mitspielen.

Glücklicherweise war es auch warm und sonnig an jenem Samstag und so fuhr ich bereits am frühen Nachmittag nach Bunratty. Die ersten Teilnehmer wurden zwar erst gegen 18 Uhr erwartet, aber ich wollte genügend Zeit haben, um einen guten Parkplatz zu finden und auch vorab schon zu erkunden, wo ich mich später platziere, um die Fotos zu machen.

Mein Standort war so gewählt, dass sich möglichst wenige Zuschauer ins Bild quetschen können. Gleichzeitig wollte ich auch einen guten Winkel zu den einfahrenden Fahrzeugen haben, ohne zu viele Gebäude oder sonstige störende Objekte ins Bild zu bekommen. Daher platzierte ich mich zuerst im Inneren einer Kurve gegenüber des Bunratty Castles, in der die Autos von der Hauptstraße zum Zielgelände abbogen. Im Inneren der Kurve steht auch eine Skulptur auf einem Betonsockel. Dort kann man sich bei Bedarf kurz setzen, und ein weiterer Vorteil hier ist: Die Seitenstraße ist minimal abschüssig, so hatte ich in der Hocke einen genialen Blick auf die Fahrzeuge, die dort abbiegen und daher langsamer fahren mussten.

Dort machte ich die ersten Bilder und war begeistert über das, was da alles an mir vorbeifuhr. Neben Ferrari, Mercedes, Porsche und Co. nahmen auch echte Raritäten teil, die noch alte irische, schwarz/silberne Kennzeichen montiert hatten. Die teilnehmenden Fahrzeuge waren, neben den Startnummern und dem Retro Cannonball-Logo, auch mit diversen Aufklebern des Sponsors beklebt. Darunter mischten sich auch Fahrzeuge, die nicht offiziell teilnahmen, aber definitiv in den Korso passten.

Mittlerweile hatte sich auch ein Stau in Richtung „Ziel" gebildet, so kam ich noch näher an die Fahrzeuge heran. Mein persönliches Highlight war (neben dem Ferrari) ein weißer Excalibur Phaeton, der aussah, als wäre er gerade frisch aus der Fabrik gekommen. Ein traumhafter Wagen und live noch schöner, als man ihn aus dem Internet kannte. Am Ziel hatte ich aufgrund des Staus die Gelegenheit, noch mehr Fotos von diesem Schmuckstück zu machen, was aber zunehmend schwieriger wurde, da nun immer mehr Besucher zum Ziel strömten und sich vor allem um den Ferrari und den Excalibur drängten.

2020 wurde die Veranstaltung leider wegen Corona abgesagt.

Wintersonne

Durch Zufall hatte ich vor einigen Jahren bei meinen Recherchen einen kleinen Strand im County Waterford entdeckt. Für diejenigen, die meinen Blog „Ballycotton" gelesen haben: Dies war der Strand, der damals eigentlich geplant war.

Was mich an diesem Strand, der mit knapp 300 m Länge eher eine Bucht ist, gereizt hatte, war der einzelne Felsen, der dort im Wasser steht. Ich hatte mir vorgestellt, wie es wohl aussieht, wenn die Sonne dort untergeht und ihre letzten Strahlen über diesen Felsen scheinen. Als ich damals im Juni anfing zu planen, merkte ich zum Glück noch vor der Abfahrt, dass ich die Jahreszeit falsch berechnet hatte und im Juni weder ein Sonnenuntergang noch ein Sonnenaufgang dort zu erwarten war. Die Ballydowane-Bucht liegt ca. 25 km südwestlich von Waterford und zeigt mit Ihrer Meerseite fast nach Süden.

Nachdem ich die Planung dann mit den richtigen Daten gemacht hatte, zeigte mir das Programm den günstigsten Zeitraum für meine Unternehmung an: November bis Anfang Februar. Aufgrund seiner geografischen Lage ist diese Zeit die beste Zeit im Jahr um die auf- oder untergehende Sonne über dieser Bucht zu fotografieren. Begeistert war ich allerdings nicht von dem Ergebnis, das ich auf dem Bildschirm sah... Das hieß, im November 2,5 Stunden durchs Land düsen und dann hoffen, dass das Wetter an der Küste mitspielt, auch wenn sich die zu erwarteten Temperaturen im November zwischen +5 und+10 Grad bewegen. Meine Sorge galt daher weniger der Temperatur als dem Regen.

Am 12. November 2017 sah das Wetter und die Vorhersagen für den County Waterford gut aus, so packte ich am frühen Nachmittag meine Ausrüstung und fuhr los.

Zu meinem Glück erreichte ich den kleinen Parkplatz vor der Bucht bei fast wolkenlosem Wetter und schlenderte die paar Meter hinunter zum Strand. Ein Vorteil der Jahreszeit: Der Strand war, außer ein Pärchen, das dort spazieren ging, menschenleer.

Ich war auch definitiv nicht zu früh, denn die Sonne näherte sich bereits dem Rand der hohen Felswände. Ich begann die ersten Bilder zu schießen und als die Sonne gegen 17 Uhr so tief stand, dass sie sich fast in der Mitte des im Wasser stehenden markanten Felsen befand, konnte ich meine Vorstellung von den Sonnenstrahlen am Felsrand in die Tat umsetzen.

Meine „Mission Ballydowane“ war erfolgreich beendet.

Kurzfristige Planänderung

Nachdem der Sonntag unerwartet sonnig und fast wolkenlos war, wollte ich mich in Westclare ein wenig umschauen und bei den „Bridges of Ross“ ein paar Bilder machen. Als ich das letzte Mal dort war, war es nicht berauschend und nachdem es die ganze Woche geregnet hatte, musste ich diesen Sonntag einfach ausnutzen. So fuhr ich nach dem Mittagessen an die Westküste der Loop Head - Halbinsel und freute mich auf ein paar schöne Bilder. Am Parkplatz der Bridges of Ross angekommen, war dieser voll mit Pkws und Campingbussen.

Hätte ich mir eigentlich denken können. Wenns schon mal so ein Wetter hat, ist alles unterwegs ans Meer. Ok, Thema erledigt, bei den Menschenmassen war an ordentliche Bilder nicht zu denken.

Ich machte ein paar Fotos vom Meer und saß dann im Auto und überlegte, was ich wohl jetzt anstellen könnte. Ich dachte daran, dass ich mir so ein Wetter damals gewünscht hatte, als ich mit meinen Eltern am Ballybunion Castle war, mir aber die Wolken einen Strich durch die Rechnung gemacht hatten, als ich einen Sonnenuntergang über bzw. hinter der Burgruine machen wollte. Jetzt wäre ein ideales Wetter für sowas.

Ich öffnete die App mit dem Sonnenstand auf meinem Handy und sah nur zum Spaß nach, wann die Zeit günstig wäre. Ich konnte es kaum glauben, die App zeigte mir gerade in dieser Zeit den idealen Stand der Sonne an. Schnell hatte ich meinen Rucksack wieder ins Auto gepackt und sah auf die Uhr. Wenn ich den Weg über Killimer mit der Fähre nach Tarbert nehme, schaffe ich es rechtzeitig nach Ballybunion. Meiner Frau hatte ich noch kurz eine SMS geschrieben und von meiner Planänderung erzählt, dann machte ich mich auf den Weg.

Als ich in Killimer auf die Fähre wartete, sah ich immer wieder zum Himmel. Es schien tatsächlich so, als sollte ich diesmal Glück haben. Um ca. 18:45 Uhr kam ich in Ballybunion an. Die Sonne näherte sich immer mehr der Ruine, auf diesen Augenblick hatte ich ca. 2 Jahre gewartet.

Gemütlich montierte ich eine der Kameras auf das Stativ und begann mit den ersten Voreinstellungen. Meine Idee war, die Kamera auf dem Stativ mit einem manuellen 35 mm Objektiv zu bestücken, das ich schon lange nicht mehr benutzt hatte, obwohl es in Sachen Schärfe sehr gute Ergebnisse lieferte. Meist war ich nur zu faul, die Objektive zu wechseln. Mein „Allround-Objektiv" (24-120 mm) blieb auf der zweiten Kamera, die ich so bei mir trug oder auf dem Rucksack lag.

Die ersten Bilder machte ich, als die Sonne die Spitze der Ruine erreichte. Diese Burgruine ist genial, denn sie hat vier längliche Fensterschlitze in verschiedenen Höhen und einen schmalen Eingang. So konnte ich die Sonne zu verschiedenen Zeiten durch diese hindurch fotografieren und je später es wurde, desto intensiver wurde der Farbverlauf am Horizont hinter dem Gebäude von blau nach orange. Auch meine Idee mit dem 35mm Objektiv stellte sich als gute Wahl heraus, denn die Sonnenstrahlen, die dieses relativ günstige Objektiv hervorbringt, sind traumhaft.

Die Reise hatte sich gelohnt.

Inishbofin (Teil 1)

Im September 2019 entschieden wir uns, d.h. meine Frau und meine Eltern, die ihren jährlichen Irlandurlaub bei uns verbrachten, die Insel Inishbofin zu erkunden.

Da uns meine Eltern seit einigen Jahren immer im Mai und, wenn möglich, nochmals im Herbst hier in Irland besuchen und wir dann jedesmal eine andere Ecke Irlands für 1-3 Tage bereisen, wurde es mit der Zeit immer schwerer, ein geeignetes Ziel zu finden.So saß ich im September 2019 wieder vor dem PC und studierte alle möglichen Reiseziele und Routen für unsere Tour. Irgendwie blieb ich im County Galway hängen und suchte die Küste auf der Landkarte im Internet ab. Ich erinnerte mich an ein Gespräch mit einem Arbeitskollegen vor einigen Monaten, bei dem dieser von Inishbofin schwärmte. Ich suchte genauer nach dieser Insel und die Bilder, die ich fand, sahen vielversprechend aus. So verkündete ich fröhlich meinen Vorschlag, der allen gefiel und wir planten die Tour.

Inishbofin ist die größte Insel Connemaras und liegt ca. 9 km südwestlich des Fischerdorfes Cleggan. Von dort aus geht 3 Mal täglich eine Fähre nach Inishbofin. Die Überfahrt dauert ca. 30 Minuten.

Da wir uns für die letzte Fähre am Abend entschieden hatten, fuhren wir schon mittags los um genügend Zeit für diverse Pausen zu haben, denn der Wetterbericht versprach einige schöne und warme Tage. Da ich nicht zum ersten Mal durch Connemara fuhr, war mir auch klar, die meisten Pausen würde ich zum Fotografieren brauchen.

Die Route führte von Ennis über Galway und dann entlang der N59 in Richtung Nordwesten, unter anderem vorbei am Derryclare Lough, dem, speziell bei Lachs- und Forellenfischern beliebte, Süßwassersee mit seiner malerischen Insel „Pine Island“ und dem 12-Bens-Gebirge im Hintergrund. Dort wollte ich unbedingt ein paar Fotos machen, denn bei meinem letzten Besuch in der Gegend war das Wetter nicht berauschend und die zweite Gelegenheit wollte ich mir nicht entgehen lassen.

Dann erreichten wir Cleggan, wo wir unser Auto am Hafen parkten und auf die Fähre warteten, denn die ca. 15 km² große Insel Inishbofin kann nur zu Fuß besucht werden.

Während der Überfahrt mit der Fähre ging die Sonne langsam unter und ich hatte die Gelegenheit, einen Sonnenuntergang auf See zu fotografieren. Diese Gelegenheit bekommt man auch nicht jeden Tag. Langsam wurde ich nervös, denn ich hatte gehofft, das Festland noch zu erreichen, bevor die Sonne endgültig untergeht.

Am Hafen angekommen, hatte ich schnell die Kamera aus der Tasche geholt und auf einer kleinen Mauer ausgerichtet, denn zum Aufbauen des Statives war keine Zeit mehr. Gerade noch rechtzeitig hatte ich den Auslöser gedrückt und konnte noch schnell ein paar Bilder von dem gelb/orangen Streifen am Horizont schießen, bevor alles in ein dunkles Blau getaucht wurde.

Der Abend war gerettet und ich konnte mich gemütlich daran machen, unser restliches Gepäck ins nah gelegene Hotel zu bringen und das Restaurant fürs Abendessen aufzusuchen.

Inishbofin (Teil 2)

Am nächsten Morgen wurde ich mit einem wunderbaren Ausblick von der Terrasse unseres Zimmers aus belohnt. Vor mir lag eine kleine Bucht, in der die Boote ruhig im Wasser lagen und auf die ersten Sonnenstrahlen des neuen Tages warteten.

Nach einem ausgiebigen Frühstück machten wir uns auf den Weg und wanderten eine steile Straße beim Hafen entlang, hinauf zu einer Anhöhe von der man eine wunderbare Aussicht auf den südlich Teil der Insel mit seinem 1909 erbauten Leuchtturm hatte.

Auf unserer weiteren Wanderung trafen wir auf einen freundlichen Iren, mit dem wir ins Gespräch kamen und der hier ein Ferienhaus besaß. Da man sich auf Anhieb gut verstand, bot er uns an, uns für ein paar Euros in seinem Jeep mitzunehmen uns die Insel zu zeigen. Das kam vor allem mir sehr gelegen denn, obwohl die Insel „nur“ 5,5 km lang und ca. 3 km breit ist, wäre eine Erkundung zu Fuß in den paar Stunden, die uns bis zum Ablegen der Fähre am späten Nachmittag blieben, unmöglich gewesen. So hatte ich doch die Möglichkeit einen Großteil von Inishbofin zu sehen und vor allem Bilder davon zu machen.

Auf der östlichen Seite besuchten wir Dumhach Beach, einem kleinen Sandstrand, der 2019 den „Green Coast Award“ für saubere Umwelt und ausgezeichnete Wasserqualität verliehen bekam. Auf dem Weg dorthin passierten wir den St. Colman's Friedhof mit seiner Kirchenruine, der idyllisch etwas weiter unten gelegen neben der Straße lag und von dem man einen wunderbaren Blick auf den Strand und die Berge von Connemara im Hintergrund sah.

Nach einem kurzen Aufenthalt am Strand brachte uns unser „Reiseleiter“ auf die nordwestliche Seite der Insel, wo eigentlich eine Seehundkolonie lebt. Leider waren die Tiere an diesem Tag nicht zu sehen, aber allein die, von kleinen Felsen übersäte, raue Gegend dort war auch so genial anzusehen.

Bevor wir dann zu unserem Hotel zurückgebracht wurden, waren wir noch auf eine gute Tasse irischen Tees auf der Terrasse unseres neuen Bekannten eingeladen. Mit vielen neuen Eindrücken ging es dann am späten Nachmittag wieder zurück aufs Festland und in Richtung Heimat. Wir hatten uns jedenfalls die richtige Zeit für diese Unternehmung ausgesucht, denn um diese Zeit, Ende September sind fast keine Touristen mehr auf der Insel mit ihren ca. 160 Einwohnern und die Hotels schließen bald für die Winterpause. Ich denke, das war nicht der letzte Besuch auf dieser wunderschönen Insel.

Die Suche nach der "Sunbeam"

Eine meiner Suchen nach einem geeigneten Objekt, dass sich zu fotografieren lohnt, brachte mich auf diverse Webseiten mit einem interessanten Schiffswrack im County Kerry. Dort lag die 1860 in Exmouth (England) gebaute "Sunbeam" am Rossbeigh Strand. Dieser liegt am Ring of Kerry auf der Iveragh-Halbinsel. Nach einem Schiffbruch 1903 an Land gespült, lag das Boot seit über 100 Jahren an diesem Strand und wurde erst 2014 von der Natur freigegeben, nachdem große Teile Irlands von Stürmen und Rekordfluten heimgesucht wurden. Die Bilder, die ich dazu im Internet gefunden hatte, inspirierten mich, eine Reise an diesen Strand zu planen.

Mit meinem Fotorucksack bepackt fuhr ich im März 2017 in Richtung Glenbeigh nachdem der Wetterbericht einen sonnigen Tag versprach und der Sonnenstand ideal für meinen Plan war. Nachdem sich die Lage und Position des Wracks immer wieder aufgrund der Stürme und des Unwetters geändert hatte, wusste ich zwar nicht was mich erwartet, aber die ca. 2,5 Stunden lange Reise war es wert. Es bestand durchaus die Möglichkeit, dass das, was noch übrig war, gerade jetzt wieder weiter im Meer und von Sand begraben lag.

Am späten Nachmittag angekommen suchte ich mir erst mal einen Parkplatz an dem bei Touristen und Einheimischen beliebten Strand und begann dann meine Wanderung entlang der ca. 3 km langen Landzunge. Irgendwo in der Mitte sollte das Wrack liegen.

Nach ca 20-30min Fußmarsch sah ich in der Ferne etwas, das aus dem Sand ragte. Sollte ich doch Glück gehabt haben? An dem anvisierten Punkt angekommen lag es nun vor mir. Das hölzerne „Gerippe" der Sunbeam, die zwar zum Teil wieder unter Sand begraben war aber doch weit genug frei lag, um einige Fotos davon mit nach Hause nehmen zu können. Es war ein Mix aus Freude und Enttäuschung, denn ich hatte mir erhofft, doch mehr davon zu Gesicht zu bekommen. Andererseits war ich froh, wenigstens das vorzufinden, denn es hätte auch schlimmer sein können, wenn es z. B. jetzt wieder weiter im Meer liegen würde oder beim letzten Sturm endgültig an den Strand gespült und dort zerbrochen wäre.

Ich denke ich war noch einer der glücklichen, die diesen über 100 Jahre alten Zeitzeugen so zu Gesicht bekamen. 1 1/2 Jahre später als ich wieder in der Gegend war, machte ich einen kurzen Abstecher an diesen Strand und ich fand nicht mal mehr ein Stück des Skelettes. Ich weiß nicht, ob es nur mal wieder ganz unter den sandigen Massen verschollen war oder mittlerweile endgültig am Strand verteilt als Feuerholz diente. Jedenfalls war ich froh, noch rechtzeitig die Idee in die Tat umgesetzt zu haben.

Der erste Tag am Meer 2021

Ich saß im Auto und hatte meinen Fotorucksack auf dem Rücksitz verstaut. Meine Frau saß neben mir und während ich langsam rückwärts aus der Hofeinfahrt fuhr, verstaute sie noch schnell ihre Tasche vor ihrem Sitz. Nun ging es los, wir fuhren ans Meer und ich konnte es kaum fassen, ein geniales Gefühl.

Was noch vor einem halben Jahr als fast normal galt, ist nun etwas Besonderes für uns. Seit Montag, dem 12.04.2021, wurde der Lockdown in Irland gelockert und anstelle der 5 km, in denen man sich bewegen durfte, können wir uns wieder innerhalb des Countys bewegen. Zufällig hatte ich für diese Woche Urlaub beantragt und auch das Wetter spielte mit, denn seit meinem ersten Urlaubstag hatten wir Sonne und deutlich höhere Temperaturen als in den letzten Wochen. Daher nahmen wir uns vor, diese Woche so oft es geht etwas zu unternehmen.

So, nun ging es endlich ans Meer. Es fühlte sich gut und irgendwie ungewohnt an, als wir mit Sonnenbrille auf der Nase und guter Musik entlang der N68 in Richtung Kilkee fuhren. Über uns der blaue Himmel mit weißen Schäfchenwolken und vor uns eine kaum befahrene Straße. Schließlich hatten wir Dienstag und daher war kaum Verkehr als wir gegen 13:00 Uhr losfuhren.

Nach ca. 50 Minuten erreichten wir den beliebten Urlaubsort Kilkee. Als ich den fast leeren Parkplatz vor der Strandpromenade ansteuerte und schon vom Auto aus das Meer sah, war das ein unbeschreiblicher Moment. Das letzte Mal war ich im September 2020 am Meer. Damals war ich am Gortmellia-Strand im County Mayo unterwegs und hätte nie daran gedacht, dass es ein halbes Jahr dauern würde, bis ich das Rauschen der Wellen wieder live erlebe.

Als wir zum Strand gingen, war es zwar etwas windig, aber nicht kalt und ich hatte es nicht bereut mit kurzer Hose und T-Shirt losgefahren zu sein. Der Strand war beinahe menschenleer und auch fast alle Bänke entlang der Promenade waren unbesetzt. Wo sich normalerweise Touristen und Einheimische tummeln, war Leere. Die geschlossenen Restaurants und Bars sahen schon irgendwie trostlos aus. Trotzdem genossen wir es, über den weichen Sand zu spazieren und die kleinen Wellen zu beobachten, die sich rauschend und schäumend am Strand ausbreiteten, um dann wieder zurück ins Meer zu fließen. Das war auch eine gute Gelegenheit, Fionn, das Landschaftsfotoschaf und Maskottchen von Irlandfoto, in Szene zusetzen.

Nach einiger Zeit fuhren wir weiter zum „George's Head", einer ca. 1,5 Kilometer nördlich gelegenen Landzunge. In den letzten Jahren habe ich es immer vermieden, diesen Ort anzufahren, denn im Sommer ist nicht nur der runde Parkplatz am Ende der Straße komplett überfüllt, sondern es stehen auf beiden Seiten parkende Fahrzeuge entlang der Straße. Nun hatte ich endlich die Gelegenheit, diesen Teil von Kilkee zu besuchen. Auf dem Parkplatz standen nur ein paar Fahrzeuge und die Gegend war menschenleer.

Mit neuen Eindrücken und Bildern ging es am frühen Nachmittag wieder nach Hause und der erste Tag am Meer 2021 ging zu Ende.

Markus Helfferich

Ich bin 2011 der Liebe wegen nach Irland ausgewandert und habe dort meine Leidenschaft für die Fotografie wieder entdeckt. Aufgrund der Corona-Krise habe ich im März 2020 anstelle auf Fototouren zu gehen, meinen Blog "Irlandfoto" gestartet und erzähle dort die Geschichten hinter den Bildern und über das Leben hier auf der Insel.

Alle Storys von Markus Helfferich zu finden auf

www.story.one

Viele Menschen haben einen großen Traum: zumindest einmal in ihrem Leben ein Buch zu veröffentlichen. Bisher konnten sich nur wenige Auserwählte diesen Traum erfüllen. Gerade einmal 1 Million publizierte Autoren gibt es derzeit auf der Welt - das sind 0,013% der Weltbevölkerung.

Wie publiziert man ein eigenes story.one Buch?

Alles, was benötigt wird, ist ein (kostenloser) Account auf story.one. Ein Buch besteht aus zumindest 15 Geschichten, die auf story.one veröffentlicht werden. Diese lassen sich anschließend mit ein paar Mausklicks zu einem Buch anordnen, das sodann bestellt werden kann. Jedes Buch erhält eine individuelle ISBN, über die es weltweit bestellbar ist.

Auch in dir steckt ein Buch.

Lass es uns gemeinsam rausholen. Jede lange Reise beginnt mit dem ersten Schritt - und jedes Buch mit der ersten Story.

#livetotell